Prost!

GARTENSPAß

und Dies & Das

Frech & heiter

durch Blumen- und Gemüsebeete

Andrea

Man muss nicht erst sterben,
um ins Paradies zu gelangen,
solange man einen Garten hat.
- Persische Weisheit -

Willkommen

Der Kleingärtner

Ein Gärtner ist stets voller Lust
mit stolzgeschwellter Männerbrust!

Das Domizil, sein Platz auf Erden:
Nur hier wird er so glücklich werden.
Hier herrscht er über Baum und Strauch
und erntet Erdbeer'n, Möhren, Lauch.

„Doch jetzt genug vom Schneiden, Mähen!
Jetzt werd' ich ins Vereinshaus gehen.
Ich freu' mich auf die Nachbarn sehr,
ein Gartenplausch muss einfach her!“

Er tauscht sich aus, hat Spaß und Durst,
am Stammtisch ist kein Garten „Wurst“!

Es geht nicht ohne Flachsereien,
er wird doch wohl der Beste sein!
So prahlt er über Pflanzenpflege
und seine stolzen Herbsterträge.

Und morgen geht es wieder ran,
ER steht im Garten seinen Mann.
Und seine SIE, sein bestes Stück,
vervollkommnet sein Gärtnerglück!

Sie ist des Gartens lieber Segen,
ist Sonne ihm und warmer Regen.
Sie kocht und putzt,
sie hegt und pflegt,
was „laubentechnisch“ nur so geht.

Er dankt es ihr mit liebem Wort:
„Hier will ich nie mehr,
nimmer fort!“

Zitate

Dumme rennen, Kluge warten,
Weise gehen in den Garten.
- Rabindranath Tagore -

Das Gärtlein still vom Busch umhegt,
das jeden Monat Rosen trägt,
das gern den Gärtner in sich schließt,
der es betraut, der es begießt,
es lebe hoch!
- Christoph Martin Wieland -

Zu hegen und zu pflegen sei bereit,
das Wachsen überlass der Zeit.
- Deutsches Sprichwort -

Wer einen Garten besitzt,
hat alles, was er braucht.
- Cicero -

Unkraut
nennt man die Pflanzen,
deren Vorzüge
noch nicht erkannt worden sind.
- Ralph Waldo Emerson -

Gärtner sind die einzigen,
die wissen, was ihnen blüht.
- Unbekannt -

Herzlich
Willkommen

Zehn kleine Gärtnerlein

Melodie: „Zehn kleine Negerlein", Text: Redaktion

1.

Zehn kleine Gärtnerlein
zog'n in die Kolonie,
der eine irrte Tage rum,
fand seinen Garten nie.

2.

Neun kleine Gärtnerlein,
die tobten gar zu wild,
der eine starb am Gartenteich,
er sah sein Spiegelbild.

3.

Acht kleine Gärtnerlein,
die wollten fleißig sein,
sie hoben schnell ein Pflanzloch aus,
doch einer fiel hinein.

4.

Sieben kleine Gärtnerlein
suchten einen stillen Fleck,
doch einer lief 'ner Katze nach,
da war er plötzlich weg.

5.

Sechs kleine Gärtnerlein,
die fanden einen Wurm,
der wehrte sich doch gar zu sehr
und schlug den Gärtner um.

6.

Fünf kleine Gärtnerlein,
die irrten durch die Nacht,
ein Wildschwein kam des Wegs daher,
hat einen platt gemacht.

7.

Vier kleine Gärtnerlein,
die weinten um den Freund,
für einen war der Schmerz zu groß,
er starb an einem Joint.

8.

Drei kleine Gärtnerlein,
die feiern Erntefest,
doch einer flog vom Karussel
und liegt im Gips nun fest.

9.

Zwei kleine Gärtnerlein,
die liebten sich gar sehr,
doch einer klebt im Schuppen fest,
am leckeren Likör!

10.

Ein kleines Gärtnerlein,
das war nicht gern allein,
drum lud es sich im Frühling gleich
neun neue Gärtner ein.

Kürbisgeister

Kleines Gartenjahr

Willkommen im Garten im neuen Jahr,
außer Blumen und Blätter ist noch alles da.

Die Frühblüher sind nicht lang zu Gast,
fast hätten sie es ganz verpasst.
Da läuten zu Ostern schon die Glocken,
das haut den Gärtner aus den Socken.
Die ersten zarten grünen Pflanzen,
unter dem Häubchen, in der Sonne tanzen.
Da weint das Fräulein Vergissmeinicht,
dabei vergisst man es eigentlich nicht.
Der Flieder sagt zur Tulpe: „Tschüss"
und er darauf die Rosen grüßt.
Es kämpft sich der Johannisdorn
vor alle Blätter keck nach vorn.
Es leuchtet so gern die Pimpinelle
hier vor allen auf der Stelle.
Es brennt die Nessel am Gartenzaun,
weil noch keiner sie hat abgehau'n.
Die Lilien, in all ihren bunten Sorten,
bringen immer Freude aller Orten.
Ob Möhre, Bohne oder Lauch:
Erntefreuden kennen Nichtgärtner auch.
Im Beet da leuchtet grün das Kraut,
es leuchtet auch morgen, wenn's nicht geklaut.
Der Schnittlauch mag sich gern lila seh'n,
wenn er blühend darf bis zum Ende steh'n.
Nachdem der Salat aus den Blättern fuhr,
da leuchtet der Kohl auf weiter Flur.
Der Apfel ist der stolzeste Schopf:
„Erst blüh' ich, dann fall' ich euch auf den Kopf."
So geht das Jahr mit Müh' und Plag',
mit Stolz auf jeden Ernteertrag
und nächstes Jahr toben sich wieder aus:
Jed' Pflänzelein und jed' kleine Laus.

Li-la-Lause-Seiten

Ich bin die Laus, die kleine
und komme nie alleine,
ich fühl' mich li-la-lausewohl
im Rosenbeet, im bunten Kohl,
da kannst du gar nichts machen,
da kann ich ja nur lachen,
holst du mich von der Lilie,
das petz' ich der Familie,
wir huschen dann zum Beerenstrauch
und zu den and'ren Blumen auch
und kriegen viele Kinder,
die bleiben über'n Winter
und fängt das schöne Frühjahr an,
dann blasen wir den Lausalarm,
am liebsten bei den neuen
Gärtnern, die sich nie freuen,
den zeigen wir 'ne Nase
selbst in der Blumenvase.
So geht dies hier jahraus, jahrein,
so ärgern wir die Gärtnerlein.

Das einzige, was wir fürchten,
sind Lausemittelbürsten
von der Frau Gärtnerin,
da sind wir völlig hin.

Doch schwören wir
für's nächste Jahr:

Wir sind alle wieder da!

Eine Frau kommt in die Gärtnerei und sagt: „Ich brauche gegen Läuse unbedingt eine Brühe!"
Der Verkäufer:
„Weiße, rote, schwarze, grüne, graue?"
Daraufhin die Frau:
„Ach, wenn Sie so fragen, dann hätt' ich das Zeug gerne in rosa mit einem Hauch blau!"

Läuse sind, das weiß ein Jeder, miese kleine Übeltäter.

In der Ameisenschule
Die Lehrerin: „Heute lernen wir, wie man Blattläuse melkt. Hat jemand eine Idee?"
Klein Fritzchen kommt vom Land:
„Mit dem Melkkarussell?"

Wetterregeln

Wenn die Spinne ihr Netz zerreißt,
kommt kaltes Wetter allermeist.
Wenn sie es morgens aber spinnt,
am Tag kein Tropfen Regen rinnt.

Wenn die Ameisen sich verkriechen,
sie das schlechte Wetter riechen.

Kriechen die Gartenschnecken von den Wegen
so folgt bestimmt Gewitterregen.

Wenn Schwalben über's Wasser fliegen,
dann kann das nur am Regen liegen.
Siehst du sie hoch am Himmel nicht,
so scheint uns heiß das Sonnenlicht.

Siehst du zwei Schafsköpf' zusammensteh'n,
so wird ein Unwetter am Himmel steh'n.

Kannst du
die Laube
nicht mehr sehen,
dann ist es Zeit
zum
Rasenmähen!

Zwei Schnecken im Garten

Guck mal da.

Ein Zwerg.

Ein Wurzelzwerg.

Du bist aber schlau.

Aber nicht der Zwerg, das ist ein gemeiner Zwerg.

Ein gemeiner Wurzelzwerg?

Mmm.

Ist der gefährlich?

Nur, wenn er sich bewegt.

Bewegt er sich?

Nee. Er bewegt sich, wenn er anfängt zu graben.

Wohin gräbt er denn?

Zu den Wurzeln. Deshalb ist es ja ein Wurzelzwerg. Er gräbt sich zu den Wurzeln und das macht die Pflanze kaputt.

Er guckt doch aber so lieb.

Das sind die schlimmsten. Er weiß, dass wir ihn beobachten.

Stimmt, wir beobachten ihn.
Und wenn wir wegschauen?

Dann ist er weg und dann warnt er die anderen.

Welche anderen?

Na, die in den Wurzeln und die Wurzelzwergkinder.

Was kann man da machen?

Ausbuddeln und auf eine Wurzelzwergschule schicken.
Da bekommen sie dann eine Wurzelbehandlung.
Da lernen sie auch, wie man eine Wurzel zieht.

Ich denke, sie buddeln sie aus.

Dann nicht mehr, dann ziehen sie die Wurzel, wie in der Mathematik. Das tut der Pflanze dann nicht mehr so weh und es lockert den Boden schön auf.

Mmm.
Vermehrt sich der gemeine Wurzelzwerg?

Nicht mehr, wenn er nicht mehr gemein ist.
Er ist dann allgemein. Und im Allgemeinen vermehren sich ja
Zwerge nicht.

Ach so. Na dann.

Mmm.

Schneckenwanderung

Es waren einmal zwei Schnecken,
die spielten im Garten verstecken,
die fraßen des Gärtners Kohl
und fühlten sich schneckenwohl.

Da sagte die eine zur andern:
„Komm, lass' uns gen Süden wandern."
Sie packten gemütlich ihr Haus
und zogen zu Nachbarns aus.

Dort stand am Rand so lose
mit Bier eine volle Dose.
Sie betranken sich sinnloserweise
und sind nun zum Himmel auf Reise.

PS:
Und die Moral von der Geschicht':
Bei Nachbars wildern, bekommt dir nicht.

Schneckenwitze

Treffen sich zwei Schnecken am Wegesrand,
fragt die eine die andere:
„Warum hast du ein blaues Auge?"
Die andere: „Stell dir vor, ich jogge gestern früh im Garten und auf einmal: BÄÄÄMMMM schießt vor mir eine Brennnessel raus!"

Kommt eine Schnecke ins Vereinshaus.
Sie möchte sich beim Vorstand bewerben!
Sie klopft und tritt ein.
Entsetzt wirft der Vorsitzende sie aus dem Fenster!
Nach zwei Jahren öffnet sich die Bürotür:
Die Schnecke ist stinkesauer:
„Was war denn das jetzt eben?!"

Eine Schnecke kriecht im Winter einen Kirschbaum hoch.
Kommt ein Vogel vorbei und fragt:
„Was machst du denn da?"
Die Schnecke: „Ich habe Appetit auf Kirschen."
„Da hängt doch nichts dran!", sagt da der Vogel.
„Aber wenn ich oben bin, schon!"

Jeder Gärtner
braucht einen
besten Freund,
der auf sein
kühles Bier
aufpasst!

**Leute,
die sagen,
man soll sich
NICHT
über
KLEINIGKEITEN
aufregen,
hatten mit Sicherheit
noch nie einen
MAULWURF
in ihrem Garten!**

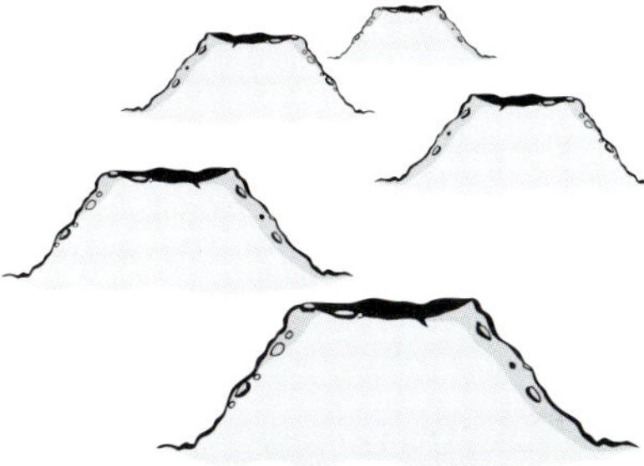

*Wer andern
eine Grube gräbt,
kann durchaus
ein Maulwurf sein!*

Sprücheklopfer

Lieber ackern und düngen
als beten und singen.

**Ohne Arbeit früh bis spät,
kann dir nichts geraten;
der Neid sieht nur das Blumenbeet,
aber nicht den Spaten.**

Einen Garten
muss man warten.

Gärtners Freud' und Leid:
Gartenarbeit!

Graben und Hacken
macht rote Backen.

**Wenn der Gärtner schläft,
pflanzt der Teufel Unkraut.**

Wer nicht sät, dem nützt das Düngen nichts!

**Rührige Hand
macht aus Felsen Gartenland.**

**Wie der Gärtner,
so der Garten.**

Der Giersch

Der Giersch, der Giersch, das weiß ich doch,
wird niemals nicht mein Freund
und grab' ich hier und dort ihn aus,
verdoppelt er sich noch.

Als Zipp'leinskraut war es bekannt
in Klöstern hier im ganzen Land,
als Unkraut ist es nun verkannt,
so hat man's ihm gedankt.

Was soll ich tun als Gartenfreund,
bevor ich explodier'?
Behand'le ich ihn nun als Freund
oder bin ich Feind ihm schier?

So zieh' ich also ins Gefecht,
doch küchenfreundlich nun,
als Zutat dem Salat ist's recht
was soll ich and'res tun?

Wer fleißig erntet dieses Kraut,
ihn als Spinat verkocht,
auf seine Vitamine baut,
verscheucht ihn endlich doch.

Gartentipp

Wer einen Garten erwerben will,
sollte:

1.

Eine Frau haben,
die doppelte Haushaltsführung liebt.

2.

Den Garten übersichtlich gestalten,
um seine Frau vom Liegestuhl aus
gut dirigieren zu können.

3.

Darauf achten, dass der Garten nicht zu
groß ist, um nicht zu laut nach dem
nächsten Bier rufen zu müssen!

4.

Wissen, wie man es vermeidet,
sich anzustrengen und zu
schwitzen.

Denn:
Der Garten ist zur Erholung da!

Der Frosch
trinkt weder Bier noch Wein,
das Leergut muss
vom Nachbar sein!

Am Himmelstor
steht ein Kleingärtner,
der erst 43 Jahre alt ist.
Als Petrus ihm öffnet,
fragt er:
„Warum habt ihr mich
so jung sterben lassen?“
Petrus schaut in der Kartei nach:
„Nun, mein Sohn,
nach den Stunden,
die du dem Vorstand
an Gemeinschaftsarbeit
gemeldet hast,
bist du 99 Jahre alt.“

Die beste Männerdiät:
JUNGES GEMÜSE!

Zwei Freunde treffen sich, sagt der eine:
„Ich gehe zu einem Seminar
für ökologisches Gärtnern, das ist hochinteressant.
Ich weiß jetzt, was ein Troglodytes troglodytes,
also ein Zaunkönig, in meinem Garten macht."
Darauf meint der andere:
„Weißt du denn auch, was Karipides Herokulus
in deinem Garten macht?"
„Nein, was ist das?"
„Karipides, das ist dein neuer Gartennachbar,
er unterhält deine Frau, wenn du beim Seminar
bist."

Lügen haben kurze Beine!
Das Gartentor quietscht leise, als Herbert
am Morgen nach Hause kommt.
Seine Frau wütend: „Wo warst du so lange?"
Herbert: „Na, bei einem Freund!"
Sie: „Du hast genau noch eine Möglichkeit
die Wahrheit zu sagen! Ich habe deine
Freunde angerufen. Bei vier Freunden hast
du übernachtet und bei zweien
schläfst du immer noch."

Vernascht

Der Sohn kommt zum Gärtner
ins Gewächshaus gerannt:
„Papa, Papa, der Nachbar vernascht gerade
die Mutti auf dem Erdbeerbeet!"
Der Gärtner rennt los, kommt aber
völlig gelassen wieder zurück ins Gewächshaus.
„Zum Glück, das Erdbeerbeet ist abgeerntet!"

Die Nachbarin:
„Warum ist denn euer Rhabarber so gut,
der ist ja gar nicht so sauer wie unserer.
Der ist ja richtig mild und süß."
„Ja weißt du, der Opa hat so hohen Zucker ..."

Erwin hat einen Garten geerbt
und weiß nicht, was er damit anfangen soll.
Er fragt seinen Freund Willi um Rat:
„Mache aus einem Drittel Rasen,
auf das zweite Drittel pflanze Gemüse und auf das letzte Drittel kommen Hühner."
Ein halbes Jahr später.
„Na Erwin, was macht der Garten?"
„Der Rasen und das Gemüse wachsen wunderbar,
nur mit den Hühnern habe ich Probleme.
Entweder habe ich sie zu oft gegossen
oder zu tief gepflanzt."

„Mami, Mami, warum läuft Papa
im Zickzack durch den Garten?"
„Der hat die Nachbarin angegraben."
„Heißt das nicht:
Bei der Nachbarin gegraben?"

**„Sei still
und gib mir
den nächsten Stein!"**

In der Schule

„Weiß jemand von euch, was eine Wüste ist?“,
fragt der Lehrer.
„Ein Gebiet, in dem so gar nichts wächst!“,
antwortet Fritzchen.
„Richtig!“, sagt der Lehrer.
„Kannst du mir auch ein Beispiel nennen?“
Fritzchen:
„Klar, der Garten meines Onkels!“

Am Stammtisch ...

... unterhalten sich drei Nachbarn darüber,
wer die dümmste Frau hat.
„Also, meine lässt sich vier Winterreifen
aufschwatzen und wir haben gar kein Auto!“
„Das ist ja noch gar nichts!
Meine kauft einen Traktor und hat
keinen Führerschein!“
„Ach Freunde,
meine ist mit Abstand die dümmste!
Kauft die doch hundert Kondome
für den Urlaub, aber weiß genau,
dass ich gar nicht mit ihr nach Malle fliege!“

Geburtstag

Herrmann bekommt von seiner Frau
zwei Gartenschürzen geschenkt,
freut sich riesig
und bindet sich gleich eine um.
Sie schaut ihn an und fragt:
„Ach, die andere gefällt dir wohl nicht?“

Mögen
täte ich schon
und Wollen erst,
aber Trauen
darf ich mich nicht!

Ein Maulwurf steigt aus seinem Haufen, läuft am Gartenzwerg vorbei und jammert: „Meine Flasche Korn wurde geklaut, mitten im Winterschlaf!"
Ein paar Minuten später kommt ein zweiter Maulwurf aus seinem Haufen, läuft am Zwerg vorbei und jammert: „Meine Frau wurde geklaut, mitten im Winterschlaf!"
Es dauert nicht lange und ein dritter Maulwurf kommt aus seinem Haufen, läuft am Zwerg vorbei und jammert: „Mein Radio wurde geklaut, mitten im Winterschlaf!"
Der Zwerg schaut sich verwirrt um und sieht wenige Meter entfernt einen vergnügt hüpfenden Maulwurf davontorkeln:
„Hick, fick, cha cha cha!
Hick, fick, cha cha cha!"

Was ist schwarz und rotiert auf dem Rasen?
- Ein Maulwurf, der Hammerwerfen macht! -

Was ist schwarz und fliegt über den Rasen?
- Ein Maulwurf, der beim Hammerwerfen nicht losgelassen hat! -

Was ist weiß und guckt aus einem Maulwurfshaufen?
- Ein Maulwurf im Nachthemd -

Und wie verhindert man Maulwurfshügel?
- Einfach ihren Spaten verstecken! -

Siehst du ein „Pilschen"
im Garten stehen,
so nimm es mit, es kann nicht gehen.

Dies ist ein
BIO-GARTEN!
(biologischer Anbau)
Der ist biologisch!
Äeechht? Gott sei dank nicht mathematisch, physikalisch, erotisch, politisch oder astrologisch!
Von jetzt an lautet die Devise: ÖKOlogisch und BIOlogisch!
Logisch!

Werden die Pilze braun im Garten,
pflück' sie schnell - das kann nicht warten.

Sich über's Gartenland die Sonne rötet,
die Gärtnersfrau leis' Lieder flötet.

Spannt Heiners Nachbar über'n Zaun,
muss Heiner wohl 'nen Sichtschutz bau'n!

Holt Gärtner Willi seine Spritze,
macht man besser keine Witze.

Zieht er im Beet die Furchen krumm,
lacht sich der Maulwurf schlapp und dumm.

Gibt's Hülsenfrucht zum Abendbrot,
sind morgens alle Fliegen tot.

Dies und Das

Der Beweis,
dass der liebe Gott
auch Humor hat.

Wusstest du eigentlich,
wer den kleinsten Garten der Welt hat?
Es ist: Der Mann!
2 Kartoffeln, 1 Karotte, etwas Petersilie und
er ist der Einzige, der sich freut, wenn ab und zu
mal eine „Schnecke" vorbei kommt.

Achtung, Kontrolle!

Schulze fährt nach der Kneipe mit dem Fahrrad zurück in die Gartenanlage und stürzt. Kommt der Maier: „Mann, das gibt Ärger, du hast ja unser Vereinsschild überfahren.“ „Oje, ... hicks ... und, ... hicks ..., is's jetzt tot ... hicks ...?“

Der junge Richter fragt seinen alten Kollegen: „Ich habe da einen Kleingärtner, der schwarz Kirschwasser brennt. Wie viel soll ich ihm dafür geben?“ „Auf keinen Fall mehr als fünf Euro pro Liter.“

Liegt der Gärtner im Gemüse,
hat er nicht nur grüne Füße.

Drei Tore braucht der Gärtner:
Laubentor, Gartentor, Traktor.

Trinkt der Gärtner morgens Rum,
werden alle Furchen krumm.

Liegt der Gärtner grün im Schrank,
ist er besoffen und nicht krank.

Im Teich, da rauscht der Wasserfall,
wenn es nicht rauscht, is's Wasser all.

Wenn Schnecken verspeist werden,
sind sie ganz aus dem Häuschen!

Wenn das Schaf am Himmel schwirrt,
dann hat sich die Natur geirrt.

Lieber Heu auf dem Rasen
als Stroh im Kopf!

**Lieber eine feuchte Kehle
als eine feuchte Hose.**

Hinweis

Spinat schmeckt am besten,
wenn man ihn kurz vor dem Verzehr
durch irgendwas vom Grill ersetzt.

Komm rin!
Kannste rauskieken!
Iss Bohnen, wenn dir dein Leben zu eintönig ist.
Lieber ein heißer Furz als eine kalte Blase.
Nicht auf's Grün, nicht auf Rabatten, auf dem Plumpsklo sollst du ...!
Lässt der Gärtner einen fahren, sterben die Fliegen gleich in Scharen.

War ja mal wieder klar, dass der Gärtner der Mörder ist!

Zungenbrecher

Wenn Schnecken in den Hecken hecken,
musst du die Schnecken schnell verschrecken,
weil sonst noch mehr kleine Schnecken
neue Schnecken in den Hecken hecken!

Viele Schnecken erschrecken,
wenn sie an Schnecken schlecken.
Denn zum Schrecken vieler Schnecken:
Manche Schnecken gar nicht schmecken.

Fromme Frösche fressen frische Frühlingszwiebeln,
aber freche Frösche fressen frische Früchte.

Mein B~~io~~ier-Garten

Zitat

Ein gut gepflegter Kräutergarten
ist wie eine gut gefüllte Schatztruhe.

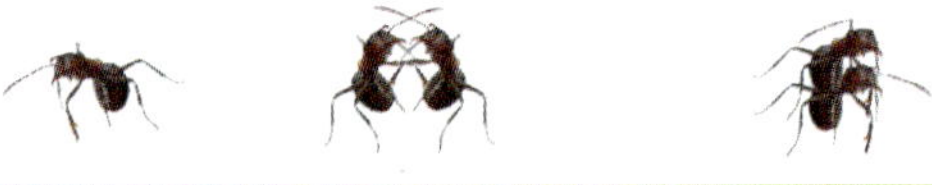

Mein Gartenweib, schenk ein das Bier!
Ach, wie wohl fühl' ich mich hier.
In meinem Reich, wie's mir gefällt,
das ist der schönste Platz der Welt.

Ein jeder guter
Gartenfreund
hat selbstgemachte Liköre,
die bietet stolz er jedem an,
weil's gut ist
für die Seele.

Donnerwetter

Beim Frühstück springt die Frau plötzlich auf, läuft zu ihrem Mann rüber und versetzt ihm einen Haken, so dass er mit dem Stuhl umfällt. Er richtet sich erschrocken auf: „Wofür war das denn?" „Für achtundvierzig Jahre grottenschlechten Sex!" Er geht zu ihr und schubst sie nun ebenfalls mit ihrem Stuhl um. „Und was soll das jetzt?", schimpft sie. „Woher kannst du guten von schlechtem Sex unterscheiden?"

Gemüse ist grün! Grün ist gesund!
= Gesund ist alles,
was in grünen Flaschen ist!

Ein Mann wird von seiner Frau losgeschickt
um Schnecken zu kaufen.
Auf dem Rückweg geht er noch
auf ein kurzes Bier in die Kneipe.
Aus dem kurzen wird ein langes Bier
und als er nach fünf Stunden
vor der Haustür steht,
bekommt er doch Angst vor seiner Frau.
Also setzt er die Schnecken
im Gänsemarsch vor die Tür und klingelt.
Als seine Frau aufmacht, sagt er:
„So, hopp hopp, nur noch ein kurzes Stück
und wir sind zu Hause."

pro
BIER
mal
Ich liebe
Blumen!
Vor allem die auf
dem frisch Gezapften.

Stammtisch-Weisheit

Schön:
Wenn man die Frau
für's Leben
gefunden hat.
Besser:
Wenn man noch
ein paar mehr kennt!

Schön:
Wenn man ein Lieblingspils hat,
Besser:
Wenn man weiß, wo die anderen wachsen!

Lustig trinken,
Lieder singen,
Sprüche klopfen
bei edlem Tropfen,
das ist es, was uns gefällt
in uns're schönen
Gartenwelt!

Fass!

Prosit!

Auf die Liebe,
auf das Leben,
auf den Garten,
den wir pflegen,
auf die Kräuter,
die wir trinken,
bis wir
unter'm Tisch versinken!

Nach dem deutschen Pflanzenschutz-Gesetz dürfen im Haus- und Kleingarten keine Fungizide (Pilz(s)bekämpfungsmittel) auf dem Rasen eingesetzt werden.

Anmerkung der Redaktion:
Wir würden es auch auf den Kräuterbeeten untersagen. (siehe 1. Testreihe - Bild)

Rettet die Erde, den einzigen Planeten, auf dem es BIER gibt !
Gärtner Glück
Gärtner Glück

Sie: „Schatz,
ich habe eiskalte Finger!“
Er: „Ja toll,
dann halte mal mein Bier!“

Der Spaten glüht,
die Füße stinken,
höchste Zeit
ein BIER
zu trinken!

**Legt sich manches schon in Falten,
so sind wir trotzdem noch die Alten.
Halten Spaten, Korb und Korn,
fallen auf, doch nicht nach vorn!
Treu schaffen wir im Garten hier,
scheu’n weder Arbeit, noch das Bier!**

BIERathlon

Was unterscheidet ein Biergarten von einem Biogarten?
Nichts. Alles eine Frage der Aussprache:
hochdeutsch: Biogarten / Biergarten
sächsich: Biagarden
schwäbisch: Biergärtle
preußisch: Biajaten
plattdeutsch: Biiergoorn
hessisch: Biergadde
Am Ende dreht sich alles ums Bier!

Zum Wohl!

Einer geht noch,
ein zweiter geht noch rein,
ein dritter darf nicht fehlen,
der vierte geht allein,
beim fünften sind wir sicher,
wir könn' bald nicht mehr steh'n,
doch sieben ist ungerade,
das wird der achte seh'n
und bei dem neunten geht's voran,
da stoßen wir gemeinsam an
auf unsere runde Zehn
so wird es weiter geh'n.

So ist es
bei den Gärtnern,
genau das tut uns wohl,
erst wird das Obst geerntet,
dann schmeckt's als

Alkohol.

Sprücheklopfer

**Scheint die Sonn' ins Ostergras,
sprießt im Garten Dies & Das.**

Wenn dein Weib isst,
dann iss mit,
wenn dein Weib trinkt,
dann trinke mit,
wenn dein Weib lacht,
dann lache mit,
wenn dein Weib arbeitet,
dann lass sie ...!

Der beste Wunsch an Gärtners Seele:
Dass es nie an Wasser fehle!

Lieber
zehn Zwerge
im Garten
als einen in der Hose!

Kleingärtner sind
tierlieb!
Jeder hat eine
Meise.

Ganz gespannt

Garten-Medizin

Was gibt es, wenn ein Glühwürmchen Viagra frisst?
Eine Stehlampe!

Was ist Viagra auf dem Laubendach?
Ein Dachständer!

Was passiert,
wenn man Viagra im Garten verstreut?
Man kann mit den Regenwürmern
die losen Latten am Zaun annageln!

Warum düngt der Gärtner seine
kleinen Tannen mit Viagra?
Damit er sie Weihnachten
mit Ständer aufstellen kann.

Das beste Mittel gegen kalte Gartenabende:
Man wirft eine Viagra in heißes Wasser
und bekommt: Einen steifen Grog.

Winterpause

Und so kommt es, wie es muss:
Mit Gartenarbeit ist's bald Schluss!

Doch wer nun denkt, der Gärtner ruht,
der hat mit „Garten“ nichts am Hut.

Hier ruhen Beete, Rasen, Rosen,
Winterstürme nun kalt tosen.

Der Gärtner repariert und listet,
der Schuppen, der wird ausgemistet!

Es ist so vieles noch zu tun,
ein fleiß'ger Gärtner kann nicht ruh'n!

Im Kopf ist schon der neue Plan,
wenn's heißt:

Das Gartenjahr fängt an!

Winterpause
Bin bald
zurück!

In eigener Sache

Das lustige Kleingärtnerleben

Lustiges aus
dem Gärtnerleben
mit Witzen, Sprüchen, Reimen
ISBN:
978-3-940025-68-5

Laubenpieper

Das unterhaltsame Geschenkbuch
zum Anhängen mit einer Eintragseite
für einen persönlichen Gruß
ISBN:
978-3-86405-041-1

Das lustig - freche Plumpsklobuch

Heitere Wörtchen
für's stille Örtchen
ISBN:
978-3-86405-056-5

XXL-Öffner

XXL-Öffner für
Kronkorken und
Drehverschluss
mit Magneten
Art.-Nr.: 32022

3er Likör-Box

Geschenkbox
mit 3 Likörfläschchen,
3 x 0,02 l Kräuterlikör,
32 % vol.
Art.-Nr.: 52013

Zollstock

2 m lang, aus Holz,
mit Feder-Klick-Gliedern
Art.-Nr.: 30010

Impressum

Redaktion
Andrea VerlagsGmbH
www.andrea-verlag.de

Layout und Gestaltung
Kathrin Schmigalle

Karikaturen
Jasmin Geiseler
Carmen Lang

Wir danken allen
am Zusammentragen des Inhaltes
beteiligten Personen.

Druck
Jettenberger, internationale Druckagentur, Königsbrunn

ISBN
978-3-86405-064-0

Ende